Lisa Sofie Mros

Zurück zu mir

12 Poetry-Texte für deine Reise zurück ins Herz

AF219629

Das Buch

"Du musst nicht immer wissen, ob und wie es weitergeht. Wichtig ist, dass du weißt, wofür du stehst und losgehst in diesem Leben. Was du verändern willst, was geben. Was du nie bereuen willst, wenn du mit 80 im Schaukelstuhl in der Sonne chillst und die restlichen Körner in der Sanduhr zählst." (Aus: „Achterbahnfahrer")

In 12 erfrischenden Gedichten über die kleinen und großen Momente des Lebens nimmt die Poetry-Autorin Lisa Sofie Mros die Leser mit auf eine transformierende Reise. Eine Reise zu neuen Denkanstößen für das eigene Handeln. Zu Perspektivwechseln für ein selbstbestimmtes Leben. Und auf das Abenteuer, zurück ins eigene Herz zu finden. Die 12 Poetry-Texte erzählen Geschichten von starken Herzen, von Löwenherzen, von der Liebe, von persönlichem Wachstum, der Kraft eines unterstützenden Mindsets und vom ehrlichen, tiefen Blick in sich selbst.

Lisas große Vision hinter ihrem Poetry-Projekt „Löwenherz Stories": Mit ihren Texten Hoffnung, Inspiration und den Mut schenken, groß zu träumen und für das eigene Leben loszugehen. Damit noch mehr Menschen erkennen, dass die eigene Existenz hier auf der Erde kein Zufall, sondern ein riesiges Geschenk ist, das wir auspacken müssen. Und dass jeder Einzelne von uns etwas geben und in der Welt bewirken kann, um so Spuren zu hinterlassen, die bleiben.

Die wunderschönen Illustrationen von Annabel Kober verleihen den Gedichten erneut ein einzigartiges Gesicht.

Also: „Vergiss mal alles Müssen und den falschen Heiligenschein. Fang an zu strahlen und lass dich endlich aufs Leben ein. Ohne Kompromisse und all in – dann macht deine Reise hier auch endlich wieder einen Sinn." (Aus: „All in")

Die Autorin

Lisa Sofie Mros wurde 1986 geboren, wuchs in der Nähe von Hannover auf und studierte in Braunschweig Sprach-, Literatur- und Geschichtswissenschaften. Nach 17 Jahren Arbeit beim Rundfunk, der Zeitung, im Verlag und in der Öffentlichkeitsarbeit ist sie heute als Führungsposition im Marketing eines großen Audio-Unternehmens in der Hansestadt Hamburg tätig.

Ihre große Leidenschaft gilt der Kommunikation und der Sprache, die sie über zwei Wege mit der Welt teilt: als Schriftstellerin mit ihrem Poetry-Projekt „Löwenherz Stories" und als holistischer Sprach- und Kommunikations-Coach für Unternehmer, Selbstständige und Visionäre, die mit der magnetischen Kraft ihrer Sprache ihre Arbeit und ihre Passion sichtbar und ihr Angebot einzigartig machen wollen.

Mehr über Lisas Poetry-Projekt „Löwenherz Stories":

www.instagram.com/loewenherzstories

Mehr über Lisas Vision als holistischer Sprach- und Kommunikations-Coach:

www.instagram.com/lisasofie.mros

Die Illustratorin

Annabel Kober, Jahrgang 1986, ist freiberufliche Modedesignerin und Illustratorin mit Sitz in Berlin. Durch ihre fundierte Ausbildung an der ESMOD Berlin und mit ihrem geschulten Auge für Proportionen, Farben und sehr viel Liebe zum Detail, entwirft und illustriert sie seit 11 Jahren für aufstrebende und bereits etablierte Firmen und Projekte aus aller Welt.

Geprägt vom Berliner Spirit liebt sie es, Neues zu erschaffen, Produkte zu konzipieren und Stimmungen zu erzeugen, die Ästhetik, Qualität, und Leichtigkeit widerspiegeln. Ihr Ziel ist es, Menschen zu inspirieren und zu motivieren, Kreativität in immer mehr Lebensbereiche einfließen zu lassen, neugierig zu bleiben und aus bekannten Mustern auszubrechen, um die Dinge öfter mal aus einer anderen Perspektive zu betrachten und alle Sinne zu beleben.

Mehr über Annabels Arbeit:

www.instagram.com/annabelkober

Lisa Sofie Mros

Zurück zu mir

12 Poetry-Texte für deine Reise

zurück ins Herz

Mit Illustrationen von Annabel Kober

Dieses Buch ist auch als E-Book erhältlich.

Bibliografische Information der Deutschen Nationalbibliothek:
Die Deutsche Nationalbibliothek verzeichnet diese Publikation in der
Deutschen Nationalbibliografie; detaillierte bibliografische Daten sind
im Internet über http://dnb.dnb.de abrufbar.

Illustrationen: Annabel Kober

Herstellung und Verlag: BoD – Books on Demand, Norderstedt

ISBN: 978-3-7557-6089-4

Für dich & jeden Menschen,

der meine Worte gerade hören muss.

Los, dreh doch mal Musik auf,

lass die Sonne rein.

Vielleicht nicht in dein Herz –

aber was nicht ist, kann ja noch sein.

Du brauchst heut nicht an dich glauben,

das übernehm ich.

Aber versprich mir,

ab morgen bist du einen Wimpernschlag lang glücklich.

9

OUT OF THE BOX

Wie ne dreckige Socke vorm Waschgang,

hast du dein Herz auf links gedreht.

Gabst alten Geschichten ihr lang ersehntes Ende

und deinem früheren Ich beide Hände –

für euren Auszug aus dem Schloss aus Luft.

Hast deinen Feinden die Friedenspfeife

und verlorenen Lieben ein Licht angesteckt.

Hast abgelegt,

alte Gedanken, so wie das verwaschene Band des
letzten Festivals.

Fühlst dich irgendwas zwischen aufgeräumt und
persilrein –

da fällt dir diese Kiste ein.

Der Dachboden im Dämmerlicht

riecht nach Vergangenheit – wer hat hier eigentlich
Aufräumpflicht?

Fragst du dich, und warum Dachböden nicht mal an
ihrer Einstellung arbeiten –

oder eben du.

„Dachboden aufräumen" stand etwa 100 x auf deiner
Liste.

Genau wie diese eine Kiste.

Beim Öffnen nur Staub, die Kiste bleibt stumm.

Raus fliegen die alten Geister der Erinnerung.

Du siehst und hörst und fühlst und schmeckst

jeden noch so entfernten Lebensmoment.

Bist dieser Version hier von dir so nah –

und dann wieder fremdsprachenfremd.

Hier reist keine Wunde auf, kein versteckter
Schmerz.

Es ist eher wie die Erklärung für ein paar tiefe
Kerben in deinem Herz.

Oder das fehlende Puzzleteil unterm
Wohnzimmerteppich, das leise flüstert:

Denk immer dran,

Leben verstehst du nur im Rückwärtsgang.

Am Ende des Buches

macht jedes Kapitel Sinn.

Und was im Herzen längst wohnt,

darf auch in der Kiste bleiben.

Nicht, um Vergangenheit zu wiederholen.

Nein. Um Geschichte neu zu schreiben.

So ohne Autopilot auf festgefahrenen Wegen,

frei und out of the box –

bist du dabei?

KEINE AUSZEIT VOM LEBEN

Mit einem Puls von 200

und ner Farbdose in der Hand,

hab ich mein Leben bunt besprayt.

Hab mit Piepen im Ohr

den Countdown bis Freitagabend, 10 Uhr,
runtergezählt.

Koffein in den Adern und blaues Bildschirmflimmern

für 2 Wochen Knopfdruck-Erholung mit 36 Grad –

schweißgebadet den Kopf an der kalten Wand

im Hotelzimmerbad.

Sag's mir, wann haben wir aufgegeben

und sind ausgestiegen aus diesem Leben?

10 Minuten geführte Meditation,

bevor es entspannt zurück geht in die Depression.

Rennen unserem Leben und den Sehnsüchten
hinterher –

abends beim Joggen im Park.

Der Energiespeicher? Wie unsere Augen, leer.

Unsere Träume liegen so brach wie verlassene
Gärten –

überall nur Unkraut,

statt Apfelbäumen, deren Früchte in der Sonne
bräunen.

Aus Hamsterrädern steigt man nicht einfach aus –

man fliegt, und zwar im hohen Bogen.

Um den Roboterkopf auszudrehen

und endlich einmal zu verstehen:

Es geht nicht um die kleinen Inseln im stressigen
Ozean des Lebens.

Das Leben muss zur Insel werden.

So mit nackten Füßen im weißen Sand

vor türkisblauem Meer.

Und die dunklen Wolken?

Die ziehen und zwar immer weiter.

Wie ein Faschingsumzug morgens vorm Fenster –

oder deine traurigen Gefühle, Gedanken

und die anderen bösen Gespenster.

Dein Leben ist kein Wunschkonzert?

Okay, aber noch weniger eine Probe!

Es ist die Uraufführung ohne Zugabe,

und du beides, Regisseur und Star –

sag mal, ist dir das eigentlich klar?

WAS DU BESSER KANNST ALS ICH

Du kannst

alte Kapitel beenden

und unbequeme Kündigungen versenden.

Du kannst

deine Gefühle stummschalten,

kannst traurige Trennungen

in langen Listen, wie Projekte verwalten.

Du kannst

unsere Träume allein träumen.

Und verliebt in neue Augen schauen.

Du kannst

dir auf Kisten voll Erinnerungen

ein Haus inklusive Neuanfang aufbauen.

Du kannst

zu alten Lieblingsplätzen

und an unsere Orte fahren.

Du kannst dir dabei Herzklopfen, weiche Knie

und sinnloses „Was wäre wenn?" ersparen.

Das alles und noch viel mehr,

das kannst du viel besser als ich.

Nur eins kannst du nicht

und weil du's nicht kannst

schreib ich's hier auf – für dich:

Du kannst

dich nicht allein daten.

Mit dir abhängen,

am Hafen skaten.

Du kannst

dich nicht feiern

oder deinen Schmerz aushalten.

Kannst

nicht die Lampe neben dem viel zu großen Bett
ausschalten.

Du kannst nicht

deine Tränen trocknen

oder beim Konzert die erste Reihe rocken.

Du kannst nicht

mit dir am Tatort-Sonntag sein.

Oder du auf Hochzeiten –

freundinnenseelenallein.

Deine Rechnung,

die sagt: Eins plus null macht gleich

ziemlich traurig und allein.

Da verzichtest du gern auf das bisschen Sein.

Und unterm Strich

bewunder ich dich,

wie du mit der Angst auf dem Rücksitz

nach Liebe suchst.

Denn das, das kannst du so viel besser als ich.

Aber das ist okay —

denn dafür hab ich mich.

WIE SEHR DU LEUCHTEST

Du blickst müde zu Boden.

Hast wieder mal verloren,

deinen Mut und deinen Stolz.

Wann hört das endlich auf?

Denkst dich kleiner, als du bist.

Was dir fehlt,

du nicht kannst und all den Mist.

Den sie sagten,

ohne dich zu fragen,

ob du heute noch an Märchen glaubst.

Hast Geschichten für zwei Leben

und noch viel mehr zu geben.

Aber immer wenn du's machst,

kommt's doch anders als gedacht.

Dein Kopf mit Zweifeln schwer.

Kannst dein Leben lang nicht mehr –

dieses Hamsterrad ertragen.

Statt Antworten, nur Fragen.

Grau in einer Welt voll bunter Farben.

Wird so traurig wahr,

wenn du's dir nur oft genug sagst.

Los, dreh doch mal Musik auf,

lass die Sonne rein.

Vielleicht nicht in dein Herz –

aber was nicht ist, kann ja noch sein.

Du brauchst heut nicht an dich glauben,

das übernehm ich.

Aber versprich mir,

ab morgen bist du einen Wimpernschlag lang glücklich.

willst du mal dein Leuchten sehen?

Ich schenk dir meine Augen, nicken

und verstehen,

dass dein Licht raus muss in der Welt.

Wenn du loslässt,

was dich klein macht und hält.

Bitte erinnere dich an dich.

Denn du bist wichtig.

WIE NE HALBE EWIGKEIT

Der Morgen noch halb verschlafen,

aber du bist schon hellwach.

Liegst grinsend neben mir

und bist bereit für diesen, unseren Tag.

Kaffee im Bett und verliebte Augen,

den Moment und uns aufsaugen.

Abenteuer zusammen aushecken.

Lass mal Wasserfälle unter der Dusche auschecken.

Zurück ins Bett und Herzschläge zählen.

Uns gegenseitig Decken und Küsse stehlen.

Halten wir kurz die Luft an –

und atmen aus, im Hier & Jetzt.

Das hier mit dir ist bestimmt nicht perfekt

aber so echt, nah und es schmeckt

nach heilen und vertrauen, miteinander wachsen und
aufeinander bauen.

Nach hoch fliegen, tief tauchen

und in deine Augen schauen.

Du strahlst mich an,

greifst nach meiner Hand.

Für neue Wege

und tiefe Spuren.

Für neue Schnappschuss-Bilder

an weißen Wänden in langen Altbau-Fluren.

Du & ich im Auto und vor uns dieser Tag,

der nicht an Leichtigkeit und Liebe spart.

Mein Kopf in deinem Arm und die Haare im Wind,

malen wir Bilder an den Horizont, wer wir ab heute
zusammen sind.

Wir sind

Helden ohne Schwerter. Einssein ohne Verlierer.

Bereit für unser Wunder.

Stolpern ohne Fallen. Öffnen ohne Bereuen.

Machen uns unverwundbar.

Feiern unser Strahlen auch bei Nacht

und liegen dankbar nebeneinander wach.

Das hier mit dir ist bestimmt nicht perfekt

aber so echt, nah und es schmeckt

nach heilen und vertrauen, miteinander wachsen und
ein Zuhause bauen.

Nach höher fliegen, tiefer tauchen und in deine Seele
schauen.

Wir lieben gleich groß,

gleich weit,

alles im Fluss.

Hand in Hand und hier für den allernächsten Kuss.

Eine Geschichte ohne Ende,

wie ein Meer ohne Strände.

Bereit für unser Wunder.

Mit dir kommt mir die Endlichkeit

wie ne halbe Ewigkeit vor.

EIN SCHWESTERNLEBEN

Du bist wie ich –

nur anders.

Denkst wie ich:

„Ich kann das

Leben, nicht genau wie du."

Kein Herz,

eine Schwesternseele.

Geheimsprache, 90s-Hits

und kratzige Kehle.

Die erste Zigarette.

Bei dir ging Einschlafen unter der Decke

nach jedem Riesenungeheuer-Traum.

Teilen so viel mehr als ein Kinderleben.

Zelt-Urlaube, Spickzettel,

deinen Lieblingspulli,

unzählige Geschwister-Fehden.

Zwischen uns hunderte Kilometer,

die das Herz nicht kennt.

Wärst du nicht meine Schwester

und ich deine,

vielleicht hätten sich unsere Blicke

auf der Straße knapp verfehlt.

Vielleicht hätten wir beide

jemand anderen ausgewählt.

Ein Glück,

hast dir wie ich diese Eltern gesucht –

sind ein gleich großes Stück

von unserem Kuchen.

Unser Band muss man nicht sehen, finden
oder suchen.

Man kann es fühlen.

Wir sind so verschieden,

wo wir leben,

wie wir lieben,

was uns Tränen in die Augen treibt.

Und doch weiß ich:

Mit dir ist immer und überall Zuhaus.

HERZÖFFNER

In Mathe war ich ja schon immer schlecht,

aber auch mit Formelfunktion in Excel, hätt ich

mit dir einfach nicht gerechnet.

Nicht mit deiner Liebe

und mit deiner Beharrlichkeit erst recht nicht.

Passiert das gerade echt jetzt?

Ich glaub, ich brauch ganz dringend Nachhilfe

in Sachen Herzverlust.

Du trägst deins auf der Zunge,

zeigst stolz jede Wunde,

wie ein kleiner Junge,

der im ehemals weißen Shirt

und frisch zum Mannschaftskapitän gekürt,

vom Fußballspiel nach Hause rennt.

Ich konnt nicht glauben,

wie achtlos du warst.

Kein Zaun, kein Soldat,

der, mit der flachen Hand an der Stirn,

am Horizont nach Feinden starrt.

Keine Angst,

dass ich in dein Herz einbreche

und es mitsamt dir ganz grausam verletze.

Ich verschränkte meine Arme –

du ließt dich fallen.

Und ich fragte mich zwischen Beziehung und Angst:

Ist das Wahnsinn! ...oder kannst

du Vertrauen einfach ganz besonders gut?

Ich wusst es nicht,

aber eins war mir klar:

Dass es hier was für mich zu lernen gab.

Lieben – geht nicht ohne offenes Herz.

Ohne sich einlassen, ohne Schmerz.

Wenn wir uns nackt in die Augen schauen –

nicht nur im Bett.

Unsere Seelen zeigen,

nicht sofort gehen, im Feuer stehen

und gemeinsam Jahrzehnte alte Wunden heilen.

Jetzt sind wir hier

und ich weiß:

Das mit uns hält vielleicht nicht für die Ewigkeit –

aber vielleicht ja ein kleines Stück.

Und ich danke dir,

denn ich bin zurück –

auf der Reise in mein Herz.

Kann's wieder öffnen

und offenhalten.

Find mit geschlossenen Augen

den Weg durch lang versperrte Türen.

Hab Schloss und Schlüssel im tiefsten See versenkt.

Denn ab heute wird's nur noch offen

und ohne Angst verschenkt.

Liebe, die gibt's nur im Gesamtpaket.

Ohne Vertrag und Garantie,

aber mit Aussicht auf Heilung.

Wenn du bereit bist,

dass „Verletzlichkeit" die Antwort ist.

ACHTERBAHNFAHRER

Vielleicht kennst du das:

Gestern, da wolltest du noch den Urwald retten –

und danach die ganze Welt.

Alte Glaubensgrenzen sprengen,

wie die uralten Ketten

an deinen Füßen.

Wolltest den unfreundlichen Nachbarn freundlich
grüßen.

Kein Zweifel konnte dich kriegen,

weil deine Flügel gespannt waren zum Fliegen.

Kein High war dir hoch genug.

Hast schwerelos getanzt.

Deine Lebensvision ins Universum getanzt.

Optimismus wie Samen gepflanzt,

und einen großen Strauß „Do it!" gepflückt.

Kein Platz, um heute fremden Sorgen zu glauben.

Alles war so echt –

verdammt, dein leises Herz hatte all die Jahre
recht!

An diesem Tag

war jede Schwierigkeit wie eine crazy Klassenfahrt.

Und heute –

da piept dein Akku „SOS!", deine Zuversicht liegt am
Boden.

Unter schweren Zweifeln begraben,

wie grüne Wälder nach dem Roden.

Alles grau – heute gibts kein Konfetti, keine Farben.

Du und dein Lebenstraum:

Ins Nichts entschwunden.

Wie der Typ von Tinder

oder die Kronen

von rosafarbenem Badeschaum.

„Ich verändere die Welt!" –

„Ähm, ich glaube kaum,

dass du hier einen Unterschied machst.

Oh wow, das hast du echt gedacht??"

Ja doch – und weißt du was?

Diese Achterbahnfahrt hat jeder mit einer großen
Vision schon

irgendwann mal erlebt.

Du musst nicht immer wissen, ob und wie es
weitergeht.

Wichtig ist, dass du weißt, wofür du stehst

und losgehst

in diesem Leben.

Was du verändern willst, was geben.

Was du nie bereuen willst,

wenn du mit 80 im Schaukelstuhl in der Sonne chillst

und die restlichen Körner in der Sanduhr zählst.

Wenn du das nächste Mal zweifelst,

lass doch diese Zeilen hier in deinem Kopf laut klingen

(man kann sie sogar singen..., wenn man mag),

und sag

sie dir auf wie die Lieblingsstelle

aus deinem Lieblingssong:

Wenn du an dich glaubst,

dann geh einfach los.

Es muss gar keinen Menschen geben,

der für dich klatscht –

kannst ganz allein schweben,

hoch zu deinem Traum.

Denn wenn du es fühlst,

werden alle Grenzen schwinden,

sich starke Schultern wie Lösungen finden

und das Schwere wie ne Feder leicht.

Du bist nicht losgegangen, damit es reicht,

sondern um etwas zu verändern.

Und hey, sei mal ehrlich: Du kannst doch eh nicht
ohne deinen Traum.

Wieso sorgst du dann nicht gleich dafür, dass er –
anders als Typ und Badeschaum –,

für immer ein Teil ist deiner Welt,

der bleibt,

auch, wenn morgen alles in Schutt und Asche fällt.

Ich glaub an dich –

glaubst du an dich?

ALL IN

Sag mal: wie viele Leben hast du so?

Die normale Version

oder die Pro?

Denn, so wie du gerade lebst,

scheint's, als wenn du dir das Beste

für „irgendwann später" aufhebst.

Deine Gesundheit? Geht am Stock.

Auf deine Arbeit hast du keinen Bock.

Deine Beziehung ist wie ne schwierige WG.

Und wann warst du überhaupt das letzte Mal am See?

Deine Lebensfreude – irgendwas zwischen müde und kaputt,

wie der Typ nachts um 2:00 im Club.

Der, wie deine Träume, wieder ne Abfuhr kassiert.

Steckst felsenfest in deiner festgefahrenen Spur.

Fühlst nichts,

außer der Erschöpfung in der jährlichen Anti-Erschöpfungs-Kur.

Kurzer Status-Quo: Das war doch nicht schon immer so,

dass du tonnenweise rote Karten ans Leben verteilst,

statt auch nur ein einziges „GO!".

Wann hast du aufgehört, mitzuspielen

und angefangen, um 12 Uhr mittags nach der fünften Tasse Kaffee

und dem Feierabendbier zu schielen?

Wann hast du dir gesagt:

„Ich bin zu alt!"

„Träume verwirklichen? Das lässt mich kalt!"

„Mein Leben verändern? Das geht jetzt nicht.

Schließlich hab ich hier ein Jahres-Abo

und dort noch irgend ne andere, super-wichtige
Pflicht."

Ich glaub, du wurdest übern Tisch gezogen.

Wurdest beraubt, betrogen und belogen.

„Findet den Dieb!" – Na dann schau mal in den
Spiegel:

Ein Traumräuber, staatlich geprüft, mit Siegel.

Hast freiwillig den Führerschein fürs Leben
abgegeben.

Hast angefangen, nach ihren Zielen zu streben,

dass du fast daran gestorben wärst,

anderen Vorstellungen und dem Hamsterrad zu
gefallen.

Lieber leise im Bad singen,

statt in ausverkauften Hallen.

Das hier ist kein Best-of-Kalendersprüche,

sondern ein Arschtritt zurück ins Leben.

Hör auf,

dir was für später aufzuheben:

Den Traumjob, die große Liebe oder in Frieden sein.

Es interessiert am Ende keinen,

dass du verpasst hast, wirklich zu leben.

Vergiss mal alles Müssen und den falschen
Heiligenschein.

Fang an zu strahlen und lass dich endlich aufs Leben
ein.

Ohne Kompromisse und all in –

dann macht deine Reise hier

auch endlich wieder einen Sinn.

Zurück zu mir

Als ich den Weg zurück zu mir fand,

da war's ein bisschen als hätt ich

wie Dornröschen geschlafen.

Wie ein Boot im sicheren Hafen.

Dabei wollte ich doch immer raus

aufs offene Meer.

Als ich mich wieder selbst entdeckte,

bemerkte ich erst,

was schon die ganze Zeit in mir steckte:

Nicht der Spatz in der Hand –

nein. Es war die verdammte Taube auf dem Dach!

Ein stern-funkelnder Diamant,

der unter all den anderen so anders, so besonders ist,

aber alles vergisst,

wenn er jeden Tag Frust, Enttäuschung und Wut als
Hauptgang frisst.

Als ich mich wieder auf meine innere Stimme besann,

da war's, als hätte ich sie, irgendwann,

mal sehr, sehr leise gedreht.

So leise, dass kein Ton mehr ins Ohr oder tiefer
geht.

Dieses Lied, das mich in jeder Zelle berührte.

Der Takt meines Herzens,

durch den ich mich wahrhaftig spürte.

Als ich anfing, zurück zu mir zu reisen,

war da dieses unbeschreibliche Gefühl –

von Freisein

UND von Verbindung mit dieser großen, fremden
Welt.

Von machen, was immer mir gefällt

UND füreinander Dasein.

Kein „Mein", „Dein" oder ein

anderer Stolperstein,

der uns von uns entfernt.

Das Wort „Trennung" fällt mir heute nur bei
Eisschnee

oder toxischen Beziehungen ein.

Als ich mich auf das Abenteuer zu mir begab,

fragte ich mich nicht,

wem's gefällt oder wer mich dann noch mag.

Fragte nur mein Herz,

wohin unser nächstes Abenteuer geht.

Wo es leben möchte, wie

und neben wem es bei Konzerten

am liebsten in der ersten Reihe steht.

Ob mein Haar morgen salzig im Wind

oder bei offenem Verdeck

inmitten des abendlichen Stadtlichter-Ozeans weht.

Als ich zurück zu mir reiste,

da war's,

als wenn mir ein weißbärtiger Erzähler aus einem
alten Buch

eine noch viel ältere Geschichte vorlas.

Eine Geschichte, die ich mit etwa einem Jahr, oder
vielleicht etwas später,

für „Das Märchen vom Müssen und Sollen" vergaß.

Eine Geschichte, die sich anfühlte nach weniger
nehmen. Nach mehr geben.

Nach einem Leben,

in dem ich die Oscar-Hauptrolle spielte –

als ich die Episode „Leben nach fremden
Erwartungen" ohne Backup

von meiner Festplatte deinstallierte.

Als ich mich auf den Weg zurück zu mir machte,

da fühlte ich:

Der Mensch kann wählen – und anders als die leere
Flasche nicht nur zwischen Wahrheit oder Pflicht.

Hüte dich vor steinzeitlichen Paradigmen, an denen du am Ende nur zerbrichst.

Es gibt genau EIN einziges "Do what's right" –

und das ist deine innere Lebensweisheit.

Mit deinen Werten. Mit klarer Sicht.

Mit dir im obersten Gericht.

Weil du nichts musst,

außer dich zu zeigen:

In deinem strahlendsten Licht.

Geht's dir vielleicht auch manchmal so wie mir?

Dann mach dich JETZT auf deine Reise,

zurück zu dir.

ALLES GUTE

Ich würd dir ja gern erzählen, wie das geht:

Abschied nehmen.

Keine Selbstzweifel, kein jahre..., ich meine nächtelanges Gedankenquälen.

Einfach lässig in die Arme nehmen,

dabei straight in die Augen sehen:

„Hey, war echt schön,

aber: hat hier keinen Sinn –

alles halb so schlimm!

Manchmal hat man sich einfach nichts mehr zu geben –

und ich wünsch dir noch ein richtig schönes Leben."

Aber Worte sind nicht Taten,

und ich spiel schon mein ganzes Leben

mit viel zu sentimentalen Karten

auf der Hand.

Bin richtig gut im Mögen,

wenn ich mag.

Im Vermissen,

auch wenn ich's nicht gleich sag.

Dafür echt mies im Dissen,

schlechter Moves und Momente

oder rissiger Fundamente.

Bin hin- und hergerissen.

Und fühl mich am allerliebsten

für dich gleich mit beschissen.

Der letzte Kuss.

Der letzte Streit.

Das allerletzte Mal „Bis bald!".

Die Gefühlsdusche am Morgen lässt mich nur an
heißen Tagen kalt.

Wie der Wein beim ersten Date –

schmeckt heute irgendwie bitter.

Hab keine Worte,

hab in meiner Kehle einen richtig fiesen Splitter.

Kopf sagt: „Ist besser so."

Und das Herz: „Ach ja, steht das irgendwo

geschrieben?"

Kapitel 3, Seite 7: „Den anderen zu sehen – DAS ist
lieben!".

Auch wenn das, was du sagst, toll ist.

Ich will

nicht, dass es perfekt ist.

Aber, dass da Platz ist.

Trotzdem fehlst du

und dein ganzer, halbfertiger Mist...

Für manche Geschichten

gibt's ein rosarotes Happy End

und für andere einen deutschen Sommer.

Mit Punkt, ohne Es-geht-noch-weiter-Komma.

Keine Bestseller-Fortsetzung,

in der die Hauptdarsteller plötzlich reif

und erwachsen...

Punkt. Wir bleiben Kind,

ohne jemals welche zu haben.

Stellen uns die großen Fragen

des Lebens

und versuchen – vergebens,

dieses Puzzle hier zu beenden.

Ich glaube, in uns wohnt ein Herz,

das blutet aus altem Schmerz.

Will heim, einfach nach Haus.

5 Uhr morgens, Drinks und Musik sind aus.

Komm, ich nehm dich mit – nur ein Stück.

Dann muss ich gehen, muss echt zurück –

zurück zu mir.

Es tut mir leid.

Pizza und Herz sind kalt – verdammt, ich seh deine Traurigkeit,

aber kann sie nicht heilen.

Vielleicht ein bisschen,

vielleicht ja mit diesen Zeilen.

Gib mal dein Navi, halt kurz mein Herz – ich check die Route.

Pass auf dich auf und:

Alles Gute!

365 TAGE MIT DIR

Du hast mir neue Seiten

und neue Orte gezeigt.

Hast mich gestreckt, gefordert

und gefeiert.

Vertrauen in Wellen und

Hoffnung wie Sandkörner geschenkt.

Hast meinen Blick immer wieder

auf meine inneren Schätze gelenkt.

Du hast übersetzt,

damit ich mich besser versteh.

Dass ich in alten Schuhen

neue Wege geh.

Dass ich auch ohne Land in Sicht

das Segel setze.

Zu Zielen flowe und nicht hetze.

Aus tiefer Sehnsucht alles gebe,

nur niemals auf.

Und mit geschlossenen Augen und Rückenwind

immer Richtung Nordstern lauf.

Hast meine Kraft entfesselt. Meine Ketten
gesprengt.

Liebe geschenkt

und mein Herz befreit.

Hast mir gezeigt,

wie man am besten Träume fängt.

Hast mich fliegen lassen, fallen

und wieder aufgefangen.

Hast mich still werden lassen –

für mein Herz und seinen leisen Klang.

Diese vertraute Melodie –

führt mich, berührt mich,

zwingt mich jedes Mal ehrfürchtig runter bis auf die
Knie.

Hast Perspektivwechsel und Menschen

in mein Leben gebracht.

Hast mich für all das Neue weit aufgemacht

und laut gelacht,

als ich dieses und jenes nicht gehen lassen wollte –

und gesagt:

„Es kam immer so, wie es kommen sollte –

mein Schatz, und morgen ist ein neuer Tag."

Wie eine Mutter wusstest du genau,

was ich gerade brauche.

Damit ich wachse, blühe

und tiefer tauche.

Damit ich nicht müde werde

vom Leben.

Damit ich lerne,

zu vergeben.

Strahle, aber nicht verbrenne.

Meinen Blick im Spiegel wiedererkenne.

Nicht vergesse,

mich mit dieser Welt zu teilen.

Mich daran erinner, zu lieben

und zu heilen.

Danke für all das Lachen, die Tränen

und ein Herz aus Feuer.

Danke für jeden neuen Morgen –

für all die wunderbaren Abenteuer.

Für den Mensch, der wir nach 365 Tagen sind.

Für jede Herausforderung, Frage und den Sinn

unseres Lebens.

Dieses Jahr ist vorbei –

aber wir sind es nicht.

Lass uns fürs neue Jahr nichts wünschen,

was man am 2. Januar wieder bricht.

Lass uns lieber so leben,

als würde es dieses Jahr

nicht noch einmal geben.

Du strahlst mich an,

greifst nach meiner Hand.

Für neue Wege

und tiefe Spuren.

Für neue Schnappschuss-Bilder

an weißen Wänden in langen Altbau-Fluren.

Wenn dir die Poetry-Texte in diesem Buch gefallen haben, schenk mir so gerne deine Stimme – mit deiner Sterne-Rezension auf Amazon & Co.

Damit noch viel mehr Menschen mutig für ihre Träume losgehen und den Weg zurück in ihr Herz finden können.

Deine Lisa

Mein Poetry-Projekt „Löwenherz Stories" findest du auch auf Instagram: @loewenherzstories